AF409038

JAVIER TINAJERO R.
Defectos nutritivos
Buenos Aires Poetry, 2023
88 p.; 15.24 x 22.86 cm
ISBN 978-987-8470-56-6
Poesía Mexicana

Editorial ©Buenos Aires Poetry
Colección ©Pippa Passes
Diseño editorial ©Camila Evia

**BUENOS
AIRES
POETRY**

BUENOS AIRES POETRY
editorial@buenosairespoetry.com
www.editorialbuenosairespoetry.com
www.buenosairespoetry.com

BUENOS
AIRES
POETRY

Defectos nutritivos

Javier Tinajero R.

PIPPA
PASSES

JAVIER TINAJERO R.

—

Defectos nutritivos

Para Nahui,
para mi familia
y para aquel muchacho de 17 años con pelo azul

*

Tú recuerdas demasiado.
Anne Carson

¿Nunca se le ocurrió pensar
que uno quiere a la gente por sus defectos?
Adolfo Bioy Casares

En fin, pediré perdón por haberme nutrido de falsedad.
Arthur Rimbaud

PRINCIPIOS SIN PRINCIPIO

Pies imposibles

Pies pasiones, papeles perdidos en paisajes. Pies preguntas, penas pesadas, piedras parecidas a las palabras. Pies poemas, puertas paridas con pólvora. Pies perdones, pagarés en pasados presentes de la paranoia. Pies países, pobres perseguidos por el pensamiento. Pies problemas, planes privados, parientes del porvenir. Pies del padre, pasajes prohibidos por la perfección. Pies personas, puentes partidos, pulsos poblados de lo imposible. Pies peregrinos, principios plantados en el pecho para palpitar.

Ojo

Para otro Abel,
aquel que amó a Caín

Al principio
todo era ciego
oscuridad sin tiempo
vastedad sin espacio.

Luego hubo una gran explosión
algo, o alguien, rompió el silencio.

Origen de orígenes
principio de principios
cero e infinito.

La naturaleza deseaba ser vista
por eso inventó el ojo
soledad que se mira a sí misma
porción incandescente de espejo.

Al necesitar la luz para verse
tuvo que concebir otros ojos
palabras como manos
sonidos de bocas
lenguas
orejas
señas
y música

piel ciega
que ve para dentro.

Pero no fue suficiente
la indómita noche
de párpados
y pájaros
necesitaba fuego.

Entonces ocurrió la luna
la filosofía y el insomnio
ojos como tigres en la selva
abiertos por siempre
como la muerte.

Y esos ojos se multiplicaron
sedientos
como estrellas en el firmamento
y murmuraron con su lengua muerta
a la distancia:

¿Cómo ver todo lo creado
más allá de los confines
del espacio y el tiempo?
¿Quiénes somos
en medio de toda
esta nada?

Así se urdió la memoria
ojos que viajan al pasado
oliendo el tiempo

abriendo libros
acariciando gatos
en las bibliotecas
llenas de polvo.

Qué afortunados
aquellos ojos,
los que preservaron
las voces
maravillados
por lo que vieron
y conocieron
cuando el río
no corría dos veces
ni se pagaba
con la vida
un pedazo
de tierra.

Era un poder
ahora casi extinto
pero aún están
los que escriben
a mano sus recuerdos
y dejan testimonio
de aquellos que vivieron
cuando el tiempo
no era tiempo
y la naturaleza
hizo nuestros ojos.

Ab ovo: tríptico del huevo

1
Llega el día
en que todo cansa
las promesas pesan
el amor escalda
y los versos hieden

es
la misma   sopa
(siempre   sueño)
el mismo   sol

y la vida muerde
con sus dientes de calendario
su soledad de encías
y su rabia de repetición

pero basta un accidente
(como cuando quiebras
el cascarón de un huevo)
para saberse otro.

2
¿Qué fue primero:
la oscuridad o la luz
la nada o el universo
la vida o la muerte
la palabra o el silencio?
Hoy me acordé de ti.

¿Acaso no somos
sólo eso?

3
(Según la NASA
el sol suena
igual que freír
un huevo.)

La poesía viaja más rápido que la luz.

37

Estar es un trabajo desnudo.
Juan Gelman

Treinta y siete semblantes: 1. Años como rostros. 2. Rostros come hábitos. 3. Hábitos que no saben contar… 31. La soledad no se oye ladrar. Es el perro callejero que te acompañaba en tu camino a la escuela todas las madrugadas. Te mordió un día y ahora te da rabia no poder nombrar al alba. 32. Los amores son promesas del fuego. Eran amaneceres en la noche de las sábanas rotas. Cartas abiertas, otros ríos, otros olores. Cada una encantó tu bosque a su manera. Luciérnagas, chispas, fuegos artificiales, incendios tan grandes como versos. 33. Pensar la muerte cambia a la muerte. Lucidez de espejo roto, de ansiedad que no respira. Encontraste el tiempo que habías perdido y ahora es el aparato que mide tu pulso. 34. La filosofía es la moneda de una sola cara. Son los amigos, las caminatas, la poesía de aquella mujer que sabía latín. Ojos que eran tardes, libros prestados, ruinas de inocencia, amistad de gatos y aquel salto de Altazor que te habla por mí. 35. La cárcel de lo que no eres. Días de mayo. Árboles sin flores y sin explicaciones. Sueño que te vio y no supo qué decirte para despertarme: ¿escribes para guardarte en el tiempo o escribes para someter el corazón a la tristeza? 36. Diario de la locura. Tienes un proyecto, volverme loco y (con palabras prestadas, inventariadas, como inviernos inciertos) escribirme en segunda persona. 37. La poesía no es razón para escribir una carta. No hay necesidad de que digas lo que callé. La enfermedad es la cura: la vida, hoy.

Genealogía

Tengo en las manos
las huellas de mi padre
el mismo tacto
los mismos gestos
la misma madera
para aferrarme o soltar
las cosas.

Tengo en el estómago
las tormentas de mi madre
los mismos miedos
el mismo anclaje
la misma cadencia
para hacerme torrente
de agua.

La poesía siempre
adopta la forma
que la contiene.

El poema rompe
su molde.

Mi padre
tiene vocación de carpintero
admira la naturaleza
y la transforma

tengo en el rostro
su mirada alargada

el mismo entrecejo
la misma expresión
de pájaro atribulado.

Mi madre
tiene vocación de primavera
florea como bugambilia
y enciende el aire

tengo en los párpados
los mismos sueños
el mismo empeño
la misma certeza
de casa iluminada.

No sería nada
sin estos ojos y estas manos
sin esta lengua materna
sin esta pulsión de ocote
y su fronda de nubes.

Mi padre es poeta
y no lo sabe
herencia fortuita
como calle
empedrada.

Mi madre es poesía
y no lo sabe
su amor fue
mi primer
asombro.

Autorretrato con señas

Digo de mí lo que no dicen mis manos
lo que han apretado siempre con anhelo
la escasa suerte que he dejado ir

digo de mí lo que no dicen mis pies
lo que han evitado por tener miedo
las pocas veces que he bailado sin pensar

digo de mí lo que no dicen mis fracasos
lo que han ocultado mis papeles
las mentiras que he atado a la verdad

digo de mí lo que no dicen mis palabras
mañas, señas, hallazgos con la boca abierta
la sombra amorosa de lo que quise ser

digo de mí lo que no dice mi rostro
lo duro que ha sido vivir silenciado
el mismo paisaje en donde partí:

Aquí está mi otra cara.
La que nadie ve.

Adamar
(Del latín adanare: amar con vehemencia.)

Para Mariana Romero

1.
Son-río.

La risa es tiempo. Nadie se ríe dos veces iguales. Cambia el río,
cambia quien ríe.

Y hay quien se muere de la risa.

2.
Amar es sonreír con los ojos. Es la vida que se desboca. Es el
tiempo que muestra sus dientes.

3.
Te recuerdo riendo. Y entonces me río. Es mi memoria que llegar
al mar.

Remolacha

Para Alfredo Ávalos

Y el avión trae un lenguaje diferente
para la boca de los cielos de siempre.
Altazor (Canto III)

Trescientas toneladas
de polvo cósmico
caen todos los días
sobre la Tierra
dice una de esas revistas
saturada de adverbios
terminados en mente
y datos inútiles

una cucharadita de azúcar
puede detener el hipo
en tan sólo minutos
dice otra página
con más fotografías
publicitarias que texto

así transcurre el tiempo muerto
mientras espero un vuelo
y la revista no es adictiva
ni interesante
como reza su editorial

pero la sala de espera
está dotada de artilugios
para el desesperado
permite estar
casi ausente

wifi de alta velocidad
dosis gratuita de cafeína
televisiones planas
música relajante
y sillones reclinables

pero yo no puedo aflojarme
estoy inquieto cuando escucho
el tenso despegue de otro avión

los mejores alimentos para limpiar
el organismo son:
la remolacha, la manzana
el ajo, las semillas de linaza
y el limón
y pienso que los poemas
son como la palabra remolacha
acción pulso cortante de remar
a contracorriente
contra el tiempo
y contra todo
lo que enferma

beta vulgaris, betarraga
acelga blanca: ¡betabel!
extraña raíz roja

parecida a un corazón
maltratado
como este poema
rojo de estupor
jugoso juego
de palabras
desintoxicantes

me toco el estómago
y me duele algo
debajo de las costillas

la vesícula es otro corazón
tripa de los enojos
raíz amarga de la vida

ya me lo había dicho el doctor:
uno se enferma de súbito
y la enfermedad
es el último esfuerzo
de la naturaleza
para evitar la muerte

por eso todos los días
hago un inventario
otra cana, otra caries
otra vez esa extraña
sensación en el pecho

y mis días se van
como aviones

llenos de equipaje
deseos y expectativas

y los años se acumulan
como millas

y en esta vida
no hay asientos
de emergencia

y ante la muerte
no existe esa idiotez
de la primera clase

es hora de abordar
suenan los altavoces
y recuerdo lo último
que leí en la revista:
Los aviones
 (esos pájaros de hierro)
siempre despegan
con el viento en contra.

Encierro

(Lunes 20 de abril de 2020)

La soledad observa desde la ventana. El silencio cocina todo el
tiempo. Los días saben a espera. El instante camina hacia dentro y
nos consume en un incendio que no es tristeza, en una oscuridad
que no es de noche: ¿Dónde quedó la vida que soñábamos? ¿Qué
absurdo nos abrazó sin preguntarnos?

No hay primavera sin invierno.
No hay amor sin despedida.
Afuera crece un árbol.

Duelo

Qué palabra
tan extraña
tan personal
tan defensiva
tan oblicua
tan lluviosa
tan imprevista
tan cuerpo a cuerpo
que combato conmigo mismo

duelo en tus huesos
y en los míos

duelo azares
duelo silencio
duelo inviernos

duelo personas que son lugares
                que no perdonan
paisajes   que no recuerdan
                que son temporales

duelo olores   que son personas
                que me extravían
improntas   que acechan
                que son memorias
duelo perdones que son ausencias
                que nos retratan
llantos   que no olvidan
                que serán tus muertos

duelo fuego
duelo cenizas
duelo entierros negros
y un par de flores rotas.

Dos oros

Dos palabras
contienen todos mis libros
todas mis lecturas
todos mis fracasos
todas mis caminatas
todos mis anhelos
todas mis fantasías
todos mis viajes
todos mis insomnios
todos mis encuentros y desencuentros
todo el tiempo invertido en silencio
aquí
en una pobre síntesis:
«No sé».

ARBORESCENCIAS DEL CORAZÓN

33

El viejo sueño de Mallarmé

Llegar real al texto, acabar en una hoja de papel. Flores violetas.
Un closet. El tinto de verano. Esto es el calor del mundo. La escri-
tura, un camino hacia uno mismo. Mas la retórica del viaje se can-
sa muy pronto. Las palabras, esas viejas rodillas, se gastan con los
años. Hay que subir el empedrado y asumir en la cojera nuevos ho-
rizontes. Y si no, inventar otras formas de destino, otras geografías
en el aire. Porque para aprender a usar las manos como un par de
brújulas y sacar las nubes del mapa, se necesita beber del fermento
de las voces y su tinta seca:
Todo es memoria extendida sobre la piel,
plegada en verso
como plegaria insular.

Pero sin extravío, la teoría del viaje es incompleta. Extraña parado-
ja. Sin la experiencia, la poesía sufre indigencia, pierde el fuego del
sentido, su integridad de callejón. Por eso la importancia del arre-
bato, del trance, esa levadura de escribir camino a casa, en el me-
tro, en un estornudo, con la tristeza encharcada, en total oscuridad.
El poema, quintaesencia del sueño, presta otros ojos, así como la
prosa, en contrapartida, capta el aroma del tiempo, elástico como
la luz o brillante como un pensamiento reflejándose en las aguas de
un río de temperatura tibia. De ahí que los versos, esas selvas de la
noche, se saturen de conversaciones, de otros aromas, de recuerdos
y caricias de hojarasca en la espalda. Sólo entonces el rumor del
río dejará de ser el mismo, lo que se escribe es fracaso: un arroyo
violento de amores trazados en el bochorno del despertar,
otra vez, solos.

Revelación

El cuarto está vacío
y la ventana abierta.
Charles Simic

Deambular   por ahí
como vendaval
de un presentimiento   inasible,
inaudito,

mientras la distancia muda
a ese otro mar que nos separa:

la noche

y mis ideas merodean contigo
como moscas en la fruta
de oscuridad inmadura:

no te mientas en silencio

el dolor de la razón
es un envés del ruido nocturno
tan terrible y monótono
que obliga a usar tapones

(«pensamientos sin pensador»
—me repito)

insomnio de dudas sin palabras
de sábanas de marea sorda

y este desaliento pluvial
este hazmerreír indigesto
es la madrugada que delata

el sueño de otro tiempo

entonces algo golpea la ventana
es el árbol que me revela en un crujido
mi verdadero nombre.

Renacimiento

La próxima vez
no olvides traer contigo
la tristeza, por si llueve
ni esas largas tardes
bien envueltas en los brazos
o un juego de sábanas
para no soñar el frío.

La próxima vez
no olvides traer contigo
los chistes, por si duele
ni esos besos fugaces
bien escritos en los labios
o ese fiel sacacorchos
para beber la noche.

La próxima vez
recuérdame traer a la vida
estos versos, por si otra vez
la despedida nos deshace.

Temblor de sueño

¿Cuándo se derrumbó
la casa con ventanas
de mí mismo?

¿En qué escombros perdí
los llantos soleados
de mi infancia?

¿Dónde quedaron
los patios secretos
de mi recuerdo?

¿Se puede volver a sonreír así:
sin dientes y sin días que no se cansan?

Qué dirían

Si tus manos pudieran hablar
dirían el día y desdirían mi desdicha
dirían pájaros y volarían olores azules
dirían el sol y moldearían la soledad
dirían tus sueños y escribirían estos versos
dirían que todo susurra algo en el tacto
que las cosas tienen oídos
que la vida sabe a mudanza
que hay recuerdos que aún no tienen ojos.

Mariposa pánica

Lo que escribo casi siempre se me sale de las manos. Hay una leve electricidad en el aire, como de tormenta, como de tristeza. Y no cabe el instante. Uno lo respira, mas no hay espacio en el pecho. Uno piensa que es el universo que se expande, pero es más una tos desértica que un cambio en el rumor forajido de la sangre. Tampoco es nostalgia de antiguos párpados y pájaros azules, ni nada parecido a esas largas caminatas a solas con los átomos grises de tu melancolía. No sé qué sea, pero el tiempo rueda y no me deja dormir. Por eso voy al escritorio y me desdoblo lento en el silencio, esa rara raíz de la palabra. Y lo hago para comunicarme contigo en ese cosquilleo de la punta de los dedos, en los murmullos de la noche que hierven como un té de jengibre, o en una comezón como de perro insomne, como de caminito de hormigas negras en la cocina de la mente. Entonces alguien que no soy yo, pero que se parece a mí viene a decirme algo al oído. Y mi corazón se infla como un pan incesante. Es mi pánico que te convierte en poema. Y me habla con olores, con miedo a los recuerdos que se escriben igual que partituras para una sinfonía de bambú. Aun así, lo escrito se resiste a ser tocado, la emulsión de la memoria, esa vieja herida que me ama porque está cosida con uno de mis cabellos, es la poesía que no cicatriza, más bien se abre, respira y cae. Ahí está en vilo la pata que le faltaba al conejo, es un alacrán invisible que me pica una muela cuando descifro un mensaje tuyo perdido en mi biblioteca. Así te encontré, doblada en una hoja de papel, airosa de esa tempestad que encrespó tu nombre, en el sol que ahora se posa como una promesa en tu dedo y vuela.

Un lector

Find that line, and immortality is assured.
Alberto Manguel

Un lector es coleccionista
de calma
de silencio
de ideales arbóreos

se sabe anticuario
de voces
de lenguas
de eco de otras eras

es telépata y espiritista
se comunica al instante
con los vivos y los muertos

arqueólogo de sí mismo
indaga en tierras sin frontera
en palabras como huesos
en tumbas de papel

ve estos símbolos negros
y los reconoce como suyos
porque leer es apropiarse de lo mirado
saberse polvo
y parte del tiempo

sabe que en cada libro
yace un línea
ese instante preciso
en que un secreto
le será revelado

en sus manos sostiene algo más
que un manojo de hojas
los libros son portales
entradas o salidas
de este mundo a otros mundos
de lugares remotos que sólo podrían existir
en la mirada acrecentada
y arborescente
de la lectura.

Parfum

Un poderoso perfume
tu recuerdo

si este olor hablara
diría con nubes tu nombre
el calor de un sábado por la tarde
cuando el sol cruza la ventana
fugaz como un fulgor de extrañeza

si este olor hablara
diría que va a llover siempre
en callejones oscuros de octubre
cuando un grillo se esconde
al pasar cerca de tu casa

si este olor hablara
diría en un estruendo
¡mandarina!
y abrupto me callaría
a la luz de tu saliva

si este olor hablara
diría con notas de piano
despierta en cuarto creciente
entre la claridad de tus mañanas
y mi hierba crecida en la calle empedrada
si este olor hablara
diría con un sudor en tu nuca
no hay futuro en domingo

sólo el mal aliento de las despedidas
y un mar de niebla al salir de la cama

si este olor hablara
diría con signos rotundos en el aire
lo único que poseemos
es el tiempo que nos damos

si este olor hablara
diría en tus ramas secas
yo soy la última hoja
y todo cae.

Sol distante

Escribo
para tocar tu
distancia

saberme tuyo
apalabrar
el instante

al final
todo comienza
de nuevo

piedra de Sísifo
y un otoño adentro

pero el amor
es un recuerdo
casi invencible

otro tiempo
versos de hiedra
sones del aire

como este «ahora»
deshojándose.

Verde olor

Y nos quedamos ahí
suspendidos, abrazados
en medio de un instante
de una casa en silencio.

Y traíamos la sonrisa inmóvil
como el árbol en la ventana
como lumbre de ecos
de un callejón empinado.

Y de aquellos gestos
se agarraron nuestras sombras
que vivían en verano sin palabras
siempre un segundo adelante.

Y sin querer queriendo
ahí se quedó ese verde olor
como un sueño confinado
a la recursividad del recuerdo.

Nitidez

Recojo mis palabras
escombros que respiran
polvo de mudanzas
de sueños derrumbados
entre los brazos del día.

Pero las palabras se resisten
son perros perdidos
anhelando volver a casa
son amores encumbrados
en una borrosa fotografía.

Y yo las acaricio
y las pronuncio frente al espejo
como un grillo en la oscuridad:

siempre se escribe
para alcanzar la nitidez de ese instante
en que uno amó por primera vez.

Sueño febril

Te soñé.

Eras el albor de una mirada
chubascos de octubre
rumores de hojas secas
y pasos descalzos.

Eras el clamor del café
la savia de mis mañanas
el mar de una carta
sol de mis palabras.

Eras la tarde anaranjada
mi sudor en la espalda
la música lejana
como de pájaros.

Eras mis caminatas
viajes incontenibles
ojos en despedida
un eco en la sombra.

Eras mi casa
el ronroneo de mis gatos
un tiempo aquilatado
el amor de la vida.
Eras este instante
una página blanca
ahora inacabada.

La promesa

Para Nahui Pérez

Una casa es espejo del mundo, la promesa de un día sin distancia. En los ojos se guarda el tiempo, pero en la luz sólo cabe un instante. El invierno es el parto de la primavera, un futuro de hojas de olivo creciendo en tu dedo. Muda el silencio y escribe esa carta, rompe el miedo y estrella tu risa en mi pecho. Si escuchas un río incierto, corre como en un sueño. O mejor canta esa selva desnuda al alba, y el sol bailará en tu vientre. Pero antes vive el frío para entender el frío, habitar una casa es compartir el fuego. La vida sabe dónde están las llaves, por favor ponle agua a mis palabras. Ahora enrosca tu nombre y abre la puerta, no olvides traer contigo al aire.

ESTORNUDOS SIMÉTRICOS

51

Brillar

Hay personas que brillan más cuando están rotas.

Son las que intuyen la existencia de una microfisura en ellas
y se arriesgan a buscarla en la penumbra de su soledad.

Son las que sobreviven y encuentran una luz salvaje
parecida a una silenciosa herida que nunca sana.

No lo saben, pero eso que descubren se llama poesía.
Por eso la abrazan fuerte, como si les faltara algo
mas esa extraña luminosidad no es de nadie
                    bebe de tu sombra y de la mía
te necesita como el tiempo precisa del espacio
es una sed que crea, pero también destruye
incontenible y voraz.

Azar

Lanzo un par de piedras como si fueran dados

> y sumo las causas
> de los caminos
> que he cerrado

Lanzo un par de palabras como si fueran piedras

> y las escucho hundirse
> en ese extraño lenguaje
> nutrido por el sueño

Lanzo un par de deseos como si fueran semillas

> y las siento crecer en mi pecho
> como las verdes sombras
> de mis obsesiones

Lanzo un par de cuerdas como si fueran aullidos

> tal vez vuelvan a volar pájaros
> en vez de balas

> No existe la suerte
> me enseñó mi padre

sólo existe el infinito
de las causas y sus efectos

los otros nombres del tiempo
y el misterio de las cosas que no se saben

pero yo, aun así, sigo tirando estas piedras
como si fueran dados.

Lo que queda

¿Y qué es lo que queda de quien hemos amado?
Un par de hojas sueltas
fechas dispersas en el calendario
trazos de viajes inconclusos
ese casete blanco con canciones de otra época
un libro viejo dedicado con pluma azul
una carta amarillenta y frágil como este recuerdo
y ese vaporoso olor de jacarandas en la memoria.

Contraseña

Escribir es dar. Y nada más. De esto te doy mi palabra. Olvidar esa
promesa es peor que extraviar las llaves de la casa.

Pero alguien se acordará de ti mientras esperas al cerrajero:
estornudo y sentimiento, los dos ejes del poema, las dos palabras
que te faltaban.

Dilas en voz alta, escucha, disecciona su sonido: esto es un nudo,
tornado que te enlaza al sentido; sentir el presente en las fauces del
instante y saborear lo que ocultaba la verdad:
la contraseña de la vida es «abrirse».

La visita

La poesía entra a casa
a veces como un rumor de hojas verdes
otras como una noticia que cala los huesos

ella
no pierde las llaves
es el sol
que afuera discute con el asfalto
es el olor
que sube desde la cocina del vecino
es la gratitud
del gato que lame sus bigotes

entra descalza
a veces como si fuera una vieja amiga
que viene a regar tus plantas
otras como una flota de hormigas
que se alimenta de los trastes

es esa agridulce visita
que lanza una moneda al aire
y te hace apostar entre lo bello y lo terrible
aunque siempre gane
la insoportable luminosidad
de un instante

tiene una sola cara
digamos que se parece a la sed
pero no es la sed

digamos que es esta luna llena
pero se muere de hambre

es el deseo de asir la vida en las palabras
y saberse Historia, fuego, inscripción
curiosidad y vanidad, amor y deseo

es una mosca que insiste en la ventana
parecida al minutero
que no se agota
como lo hace la tarde

entra a casa
pero no siempre se queda
basta una desatención
para que ella se retraiga
o se doble en la noche

la poesía está adentro
no toques la puerta.

Rima en el tiempo

1

¿Cuánto azar cabe en la mano del instante, en cada cabello de posibilidad, en cada bostezo de mariposa, en cada esquirla del deseo, para que nuestros pies se hayan ido encontrando por estos caminos encharcados? ¿Cuántas miradas, abrazos, despedidas, enfados, guerras, desaparecidos, epidemias, imperios, cartas y olvidos, amores perdidos, «ahorita no», salidas de emergencia, fotografías de 15 pesos, árboles de Navidad, esperas de aeropuerto, maletas extraviadas, viajes inconclusos, fiebres y enjambres de recuerdos, nubes de montaña, quema de libros, tuvieron que suceder antes que nosotros creásemos esta historia, la nuestra?

2

Escribo versos, pedazos ambulantes míos, estatuas deficientes, fracasos en el pecho, pájaros imposibles, ecos sin pavimentar, caminos para ganar o engañar al tiempo, señales para ti o para mí, razones que «ya no sé», pero que me siguen inflamando los zapatos.

3

No somos más que la casualidad
del ondear de banderas inmaculadas
de miles de millones de muertos
de supernovas explotando

como ojos en hoyos negros
descubiertos por alguien en una simple
pero bella ecuación matemática

no somos más que la consecuencia
de hitos en la historia, ruinas y polvo enardecido
de reyes y personas insignificantes
dentro de un mancha añil
de tinta seca en una carta
o en un pálido punto azul
fotografiado en la lejana
oscuridad del espacio

no somos más que el dulce presente derramado
de abejas extraviadas en la ciudad
de migrantes retornados
con tu rostro y el mío
cruzando el río de Heráclito
arriesgando, cambiando, o mutando,
los nombres de las cosas
como hijos de Nicanor
besándose en la higuera
de la abuela

no somos más que la danza perpetua
de un caos perfecto y mágico
como el *big bang* de tus orgasmos
desembocando en la sonrisa
de esa mañana
la última

no somos más que eso
en una única y rara oportunidad
de tu madre y tu padre
rimando en el tiempo
en eterno dejavú
como torbellino
danzando con la tierra.

Defectos nutritivos

> *Terminó la niñez y caí en el mundo.*
> Luis Cernuda

Con sólo dos sílabas
se escribe la noche

tejedumbre de oscuridad
y deseos luminosos
de tu cuerpo enfermo
a tientas bajo la carne

bajo la sábana horizontal
ligera como de otro tiempo:

esa respiración lunar
ese tacto despabilado
y su marea alta de sueños
de huesos derrumbados
en la vigilia de la memoria

entre el olvido que reclama su parte
como un cómplice en un atraco
y el sueño que se desvanece
en la sensación de cuando eras niño

y te recuerdas despierto de madrugada
con los cabellos enredados
las lagañas indisolubles
y los bostezos soterrados

antes de irte a la escuela
con el olor de la ropa recién planchada
y el ruido insistente de la licuadora
como el amor de tu madre
arremolinado, triturado
como las añoranzas
en un licuado extraño
hecho con defectos nutritivos
y nombres estúpidos:

«Chocomilk de fresa»
y una concha de pan

que amarás porque así imaginas el mar
como una masa ruidosa de cariño

y porque así son los sueños
esas ganas de futuro en el minutero
de la infancia que aún te sueña

pero también oleaje del presente
de esa persona que eres hoy
y revive lo vivido.

Retrato

Te hago con palabras
        y escalo tu cuerpo
silencio de ojos
que taladran
                mi lengua.

Te hago con palabras
        y saboreo tu boca
tinta negra que nos separa
en la noche que abre
                tus otros labios.

Te hago con palabras
y te deseo en los sueños
mujer despierta
en una difusa fotografía
mujer desnuda
como una muerte detenida.

Te hago con palabras
y también me quito la ropa
la piel para mostrarte mis huesos

te escribo y atravieso el tiempo
para entrar en ti.

Algoritmo de otoño

Algo nos sostiene en el tiempo,
     luego nos desbarata
          y nos devuelve.

¿Es este hilo negro de palabras silenciadas
como la cola de un gato?

¿O será la zurda que me recuerda inquieta
que debería romper conmigo por lo sano?

¿O será el mismo absurdo que me calla
cuando escribo que un vendaval se estrella en mi rostro?

¿Acaso ya no corta el silencio
como yo corto abrupto
este verso?

¿Ya no incomoda al ritmo
del poema esta tímida rima?

¿Y qué hay de esta flor enmascarada
de nudo y cacofonía?

Habla lo técnico
y hasta lo más necio
renace y balbucea.
Habla lo intuitivo
y hasta lo más libre y salvaje

teme y se refugia.

Algo nos sujeta en el tiempo,
          luego nos rompe
                    y nos restituye.

¿No es el final del verano un injerto
un punto y seguido de hojas secas
un algoritmo de ventanas abiertas?

Hasta lo más incierto cesa y se renueva.

Todo es cambio
y alabanza,
de vida y de muerte.

          Todo tiene el perfume
de un nuevo comienzo.
Y yo me doy permiso
(repítelo conmigo)
de empezar de nuevo.

Un error

La vida sin libros,
sin poemas volando como pájaros,
sin ideas relampagueantes a mano alzada,
sin conversaciones apasionadas,
sin algo de misterio en la hoja en blanco,
sin silencio de besos,
sin caminatas hacia ningún lado,
sin sueños, caricias o música para ver,
sería
—ya lo dijeron otros—
un error.

De esas nubes, de esas casas

De niño soñé contigo
con tus libros, con tus viajes
con el mañana sin regreso
con tu pelo azul.

Siempre pensé que serías
como Ulises.
Nunca imaginé que vendrías
como un invierno sin mensaje.

¿Eras tú el asombro que llamaba casa?

De joven viví contigo
con tus nubes, con tus pájaros
con tu cara de eterno instante.
Nunca escuché tu oleaje en el espejo.
Siempre creí que seríamos jóvenes para siempre.

¿Eras tú mi voz salina derramada?

De esas casas perdí los ojos
pero aprendí hacer esquejes de mis manos
a trasplantar poemas en mis dientes.

De esos días, de mí
sólo queda lo que he escrito.

De esas nubes, de ti
un olor a extrañeza incesante.

Ayer

Hay poemas que mientras se escriben se van olvidando.
Palabras que no recuerdan ser palabras,
días que se quedaron ayer.

¿Olvidan que son poemas
o son poemas que se olvidan?

Como aquella tarde en que regresó lo que habías perdido
y ya no se acordaba de ti.

FISURAS INVISIBLES

71

Contenido neto

¿De cuánta soledad
lluvia
frío
oscuridad
mares
nubes
abrazos
días aciagos
desasosiegos
silencios inquietos
amistades rotas
amores no correspondidos
cartas sin abrir
hermanos sin visitar
juegos inconclusos
melodías de piano
amantes sin nombre
sueños olvidados
vinos baratos
besos robados
orgasmos solitarios
traiciones
insomnios
           está hecho un poema?

Florilegio de sueños

Sueño 1

Palabras en espiral
amor sin horas
claridad con la que mido
mis versos

cae la tarde
y maquilla tus ojos

son pájaros necios
que sacuden mis ramas

hemos crecido
como flores en sueños
pero ya no hay tiempo.

Sueño 2

La distancia cortó mi amor en dos sílabas:
tú-yo.

Sueño 3

La poesía sabe de flores:
Nomeolvides.

Sueño 4

(El amor no es un simulacro)

Abres los ojos
como semillas de girasol
y lo intuyes:
tarde o temprano
las mentiras se vendrían abajo.

Se cayó nuestra casa en septiembre
aún me estoy buscando en los escombros.

Sueño 5

En un florilegio otoñal
se toman de la mano
dos asombros que dejan de serlo
ya nada les basta
no lo saben
pero lo sienten en el pecho
cuando un viento vacila en su ventana.

¿Se encontrarán de nuevo?

Lo que pudo ser:
Un montón de hojas secas.

Miralejos

Para Mirabai

Hay sueños que nos rompen los ojos.
Homero Aridjis

¿Cuánto ha pasado desde
que no nos hablamos?

Los recuerdos son abismos,
sueños nublados
y puertas sin chapa.

¿Qué dirían nuestras promesas
si pudieran exigirnos algo?

Abre el silencio,
aquí están las llaves,
se murió tu padre.

¿Y qué callaron nuestras manos
de todo lo que no soltamos?

Esto no era mío,
el mar borró tu nombre,
ayer soñé contigo.

Polvo

Serán ceniza, mas tendrá sentido.
Francisco de Quevedo

Todo se reduce a polvo lo veo cuando ordeno mis
libros
está aquí mientras escribo esto se cuela del papel a mis ojos
entre silencios acumulados y días que nunca van a volver
del aire a mis pulmones inspiro polvo de palabras
versos que caen como piel muerta

tal vez por eso dices que no siento nada
que mudo de piel como mudo de palabras
de sueños y cabellos en la almohada

pero he sentido las nutridas caricias de mi madre / su pecho
latiente / infinito
he sentido el cariño sucinto de mi padre / su fuerza / sin miedo
he compartido el mismo polvo con mi hermano / felices carencias
/ una casa con alfombra verde

Y he memorizado las tuyas rozas el momento
polvo enamorado ya lo dijo otro

piel que cubrió lo que sea que nombres «adentro»

piel que es vida polvo que es muerte
y llena todo como un desierto de arena
con oleaje de aire incierto
la piel de escritor piel de papel.

Corazonada

A veces se envejece miles de años en un instante. Un instante, pedazo aquilatado de tiempo. Tiempo enrarecido, salado, como una verdad en los ojos. Ojos como piedras tremebundas, erosionadas por la vitalidad de un río. Río y me acuerdo de aquellos días. Días que pertenecen a otra vida, a otros porvenires tejidos en secreto. Secreto mas no oculto, como un alacrán que aguarda debajo de la cama en forma de sueño. Sueño con mi hermano, pero no lo encuentro. Encuentro claros presagios, lagartijas y una barda que sirve de escalera hacia una azotea para ver el cielo. «Cielo» era la palabra que me gustaba para nombrar a ese pedazo de tela. Tela para tapar la realidad que se filtraba como lluvia por la ventana de mi cuarto, clamor de silencio que ahora enmohece el recuerdo de mi infancia y el de un niño muerto. Muerto como un poema que habita los rincones de mi nueva casa. Casa de gatos y de flores. Flores del futuro que se marchitan y retoñan, una y otra vez, como una danza de sombras que no sospechan que existirán sólo un momento. Momento que prende estas manos y hunde lentamente el atardecer en el papel de esta carta. Carta abierta, blanca, como espuma de mar que es tinta, o corazonada, de lo improbable, y de todo lo inmenso que puede atragantarse en una respiración. Respiración contenida y transfigurada en oleaje embravecido por la memoria. Memoria, esa marea alta, encendida como luna o faro en la noche, tan agujero negro, tan lejana y desenfocada, tan parecida a la promesa que alguna vez nos hicimos para darle sentido a nuestro cosmos entero, pero que bastó una (in)decisión para bifurcar el camino. Camino hacia mí y sé que envejezco miles de años en un instante. Un instante, pedazo de nada que rima agitada en el corazón.

¿Y si fuera?

Para Santiago Daydi Tolson

¿Y si la poesía fuera el otoño que voló sin mirarte
una caricia de pájaro en la espalda
una voz en tu perfume
un blues amarillo en la garganta
un silencio de hojas secas en el rostro
un amor en caída libre
un sol lejano sin ventana?

¿Y si el amor fuera una vida sin calendario
una carta no escrita
un baile descalzo
un relámpago en espera
un instante de nubes en tu mano
un poema con hambre
una llave sin puerta?

Variaciones de una ruptura

1

La ausencia me inquieta
soy su fracción
la sombra en espera
un mal presentimiento.

2

La ausencia me muerde
soy su rostro
la cama sin lengua
un árbol recién podado.

3

La ausencia me ama
soy su vestido
la mentira en silencio
un llanto que aclara.

4

La ausencia me rompe
soy su palabra
una fisura en el tiempo
la luz del alba.

Eclosión

Me traicioné.
Hace años me dije:

«Ese poema
no lo voy a escribir nunca».

Pero aquí estoy
como un pájaro
que en dos sílabas
anidó un instante:

¡Cambié!

Una casa transparente

Para Nancy Hernández

Y qué son los poemas, sino casas, crisálidas de sentido, capullos de palabras, polluelos rompiendo el cascarón del habla. Qué son los poetas, sino sembradores, semillas, buenos días, árboles que caminan sobre su propia voz. Qué es la voz, hermana, ave, sino la esencia translúcida del poema que des-oculta cualquier cosa que sea posible: caballo de viento. Qué es la posibilidad, sino un relámpago que alumbra, quema y se mete en la herida de la noche para crecer como un sol en la garganta, un hallazgo en la respiración. Qué es crecer sino decisión, lucha, una espalda curvada, fertilidad, espacio de luz, olor a pan, un poco de lluvia y otras formas de fortuna. Qué es la forma, sino la hechura del asombro, un estornudo, a veces accidente, un recuerdo, un pájaro en la sombra, una mirada azul al reloj sin pila, la estructura mágica de los tiempos que corren hacia la fatalidad del instante, locura, río de azoro. Qué es el instante, sino la misma casa que los poemas habitan, la pintan de blanco, la amueblan, la defienden, la vacían, la venden, la derrumban, la reconstruyen, la comparten, la devuelven en escombros para empezar de nuevo desde sus pedazos; es la misma en la que se escriben, se sueñan y se despiertan entre las manos adoloridas. Qué son las casas sino bosques de la infancia, camas, tumbas, muerte agusanada por el cambio. Qué son las casas, sino unas cuantas tardes sin nombre, días que demoran el absurdo del mañana. Qué es el mañana, sino una niebla, otra morada del quehacer. Qué es la poesía sino todo eso y tampoco nada. Acaso un punto vital de encuentro, un poco de silencio, un refugio o tal vez una traza de algo aún más transparente.

Yo es otro

Epígrafe visual: La Reproduction interdite,
René Magritte, 1937

I

Yo es otro.
Arthur Rimbaud

¿Escribo para ser alguien
o para dejar de ser alguien?
En cualquiera de los dos casos
busco algo sin sustancia
un fantasma:
yo.

II
La poesía es inasible e intransmisible, de ahí que el poema
siempre sea un intento
y resulte en muchas ocasiones un fracaso.

La poesía aspira al silencio, el poema a contradecirlo, el lector
a descifrarlo.

La poesía es un deseo, el poema es su declaración.

83

III

He escrito sin saber mi desenlace.
Sigo buscando entre líneas una salida
algo que repare este hoyo negro
ese punto final de la existencia.

Kintsugi

El tiempo pone a prueba las decisiones,
se quiebra lo que habíamos creído firme,
se rompe lo que pensábamos indestructible,
se arruina lo construido con pretensiones de perfección.

Sobre el autor

Javier Tinajero R. (Ciudad de México, 1982). Estudió Artes Visuales, Filosofía, Lengua y Literatura. Es profesor de Escritura Creativa. Ha publicado los poemarios: *Párpados y pájaros* (Amarcafé, 2014), *Poemas para encontrar el tiempo en una tarde de viernes* (Ediciones My amigo Tyler, 2015), *El tiempo rueda* (Wiser Education, 2016) y *I Am the River* (Wiser Education, 2017).

Abril 2023
Impreso en Buenos Aires,
Buenos Aires Poetry
www.editorialbuenosairespoetry.com